essentials

essentials liefern aktuelles Wissen in konzentrierter Form. Die Essenz dessen, worauf es als „State-of-the-Art" in der gegenwärtigen Fachdiskussion oder in der Praxis ankommt. *essentials* informieren schnell, unkompliziert und verständlich

- als Einführung in ein aktuelles Thema aus Ihrem Fachgebiet
- als Einstieg in ein für Sie noch unbekanntes Themenfeld
- als Einblick, um zum Thema mitreden zu können

Die Bücher in elektronischer und gedruckter Form bringen das Fachwissen von Springerautor*innen kompakt zur Darstellung. Sie sind besonders für die Nutzung als eBook auf Tablet-PCs, eBook-Readern und Smartphones geeignet. *essentials* sind Wissensbausteine aus den Wirtschafts-, Sozial- und Geisteswissenschaften, aus Technik und Naturwissenschaften sowie aus Medizin, Psychologie und Gesundheitsberufen. Von renommierten Autor*innen aller Springer-Verlagsmarken.

Johanna Leitherer · Eva-Susanne Krah

Best of springerprofessional.de: Marketing + Vertrieb

Springer Gabler

Johanna Leitherer
Dieburg, Deutschland

Eva-Susanne Krah
Wiesbaden, Deutschland

ISSN 2197-6708 ISSN 2197-6716 (electronic)
essentials
ISBN 978-3-658-39447-9 ISBN 978-3-658-39448-6 (eBook)
https://doi.org/10.1007/978-3-658-39448-6

Die Deutsche Nationalbibliothek verzeichnet diese Publikation in der Deutschen Nationalbibliografie; detaillierte bibliografische Daten sind im Internet über http://dnb.d-nb.de abrufbar.

Planung/Lektorat: Guido Notthoff
Springer Gabler ist ein Imprint der eingetragenen Gesellschaft Springer Fachmedien Wiesbaden GmbH und ist ein Teil von Springer Nature.
Die Anschrift der Gesellschaft ist: Abraham-Lincoln-Str. 46, 65189 Wiesbaden, Germany

Was Sie in diesem *essential* finden können

- Aktuelle Berichte zu den Möglichkeiten und Grenzen von Online-Handel und virtuellem Verkauf
- Einblicke in die sich wandelnden Kundenbedürfnisse vor dem Hintergrund des Megatrends Nachhaltigkeit
- Neue Konzepte im Bereich Neuromarketing
- Berichte zu den Potenzialen von KI im Marketing

Vorwort

die Redaktion unseres Wissensportals springerprofessional.de beobachtet aktuelle Entwicklungen und Trends in zehn Fachgebieten aus Wirtschaft und Technik. Die Kolleg*innen ordnen die aktuellen Ereignisse ein und erläutern die Hintergründe. In diesem *essentials* haben wir für Sie Online-Beiträge aus dem Themenbereich ‚Marketing + Vertrieb' zusammengefasst, die von unseren mehr als 300.000 Nutzern besonders häufig gelesen wurden und damit über den Tag hinaus Bedeutung haben. Damit sind diese Artikel Trendbarometer für künftige Entwicklungen.

Ich wünsche Ihnen einen hohen Erkenntnisgewinn und auch ein bisschen Spaß beim Lesen

Stefanie Burgmaier
Geschäftsführerin Springer Fachmedien Wiesbaden GmbH

Inhaltsverzeichnis

Über die Autorinnen

Johanna Leitherer arbeitet als freiberufliche Redakteurin, Journalistin und Texterin. Seit Sommer 2017 schreibt sie für springerprofessional.ed über Marketing- und Vertriebsthemen. https://www.springerprofessional.de/marketing---vertrieb/johanna-leitherer/12355956

Eva-Susanne Krah ist Chefredakteurin der Springer-Zeitschrift Sales Excellence bei Springer Fachmedien Wiesbaden GmbH und zudem Online-Redakteurin für Marketing + Vertrieb bei Springer Professional. Sie schreibt vor allem über die Themenschwerpunkte Vertriebsmanagement und Vertriebsstrategien. https://www.springerprofessional.de/marketing---vertrieb/eva-susanne-krah/724590

Online-Handel birgt sowohl Chancen als auch Risiken

Johanna Leitherer

E-Commerce wird als der zukunftsträchtigste Verkaufskanal gefeiert, weshalb etliche Marken mit ihren Angeboten ins Netz strömen. Neben Vorteilen bringt die Branche jedoch auch Nachteile für Händler und Kunden mit sich. Ein Überblick.

Im Jahr 2020 belief sich der Umsatz des digitalen Handels im B2C-Segment hierzulande auf 72,8 Mrd. EUR, meldet das Marktforschungsinstitut Statista. Im Vergleich zum Vorjahr ist der Absatz damit um stattliche 23 % gestiegen, was durch die Pandemie zusätzlich befeuert wurde. Da sich der in Deutschland erzielte E-Commerce-Umsatz 2015 noch auf unter 40 Mrd. EUR belief, befindet sich der Vertriebskanal allerdings auch abgesehen von der Corona-Krise im Steilflug.

Besonders gerne shoppen die Deutschen Mode, womit hierzulande laut Statista knapp ein Viertel des gesamten Online-Umsatzes 2020 generiert wurde. Ebenfalls gefragt sind Elektronik- und Telekommunikationsartikel mir rund 24 % Umsatzanteil, gefolgt von der Branche Freizeit und Hobby (15 %). Die kaufkräftigste Zielgruppe bilden die 20- bis 29-Jährigen: Knapp 23 % kaufen mindestens einmal im Monat online ein. Einer von Statista erwähnten Prognose zufolge ist im Jahr 2024 mit 68,2 Mio. Online-Käufern in Deutschland zu rechnen.

Die Vor- und Nachteile im Überblick

Das bedeutet zum einen, dass sich die Zielgruppen der Unternehmen künftig zunehmend und vorrangig online tummeln. Ohne eine kanalspezifische Vertriebs- und Vermarktungsstrategie laufen Kunden der Online-Konkurrenz in die Arme. Zum anderen führt das Internet zu einer großen Transparenz, was Preise und Leistungsmodalitäten betrifft. In der Folge verhärtet sich der Wettbewerb. Ist

J. Leitherer und E.-S. Krah, *Best of springerprofessional.de: Marketing + Vertrieb*, essentials, https://doi.org/10.1007/978-3-658-39448-6_1

es aus den genannten Gründen für jeden Betrieb alternativlos und lohnend, auf Online-Handel zu setzen?

Um der Beantwortung dieser Frage näherzukommen, empfiehlt Springer-Autor Gerrit Heinemann im Kapitel „Risk Benefit im Online-Handel" seines 2019 erschienenen Buches „Der neue Online-Handel", die Vor- und Nachteile des E-Commerce getrennt aus Händler- und Kundensicht zu betrachten:

Perspektive	Kundensicht	Händlersicht
Vorteile	• Anywhere- und Anytime-Verfügbarkeit • Unabhängigkeit von Öffnungszeiten • Größere Auswahl und Vergleichbarkeit an Produkten und Angeboten • Markttransparenz • Individuelle Angebote • Offenheit • Bessere Informationen	• Globale Präsenz • Flexibilität • Direkte Bestellannahme • Gewinnung von Kundendaten • One-to-One-Marketing • Cross-/Up-Selling • Long-Tail-Vermarktung
Nachteile	• Fehlender physischer Kontakt mit den Produkten • Fehlender sozialer Aspekt beim Einkauf • Mögliche Schwierigkeiten bei der Reklamation • Sicherheit bei der Zahlungsabwicklung • Mindestbestellwert und zusätzliche Kosten	• Hoher technischer Aufwand • Kein schneller ROI • Wettbewerb auch mit bisher branchenfremden Anbietern • „Free-Rider"-Mentalität • Google-Abhängigkeit

Zahlreiche Erfolgsfaktoren

Die globale Reichweite eines Online-Shops eröffnet Unternehmen im Idealfall neue Zielgruppen und Märkte. Erhebliche Zeit- und Kostenvorteile entstehen aus der direkten Bestellannahme. Der Kunde wickelt seinen Einkauf zum großen Teil selbst ab, wodurch manuelle Bearbeitungen durch den Anbieter entfallen. Zudem ermöglichen gewonnene Kundendaten automatisierte sowie individualisierte Angebotsprofile und Marketingstrategien („One-to-One-Marketing"). Online lassen sich außerdem besonders leicht weiterführende oder gar höherpreisige

Produkte, das Cross- beziehungsweise „Up-Selling" als auch umsatzschwache Nischenware, die Long-Tail-Vermarktung anpreisen.

Dem gegenüber steht der technisch hohe Aufwand, der bei hohem Besucher- und Bestellaufkommen mittlerweile kaum mehr ohne automatisierte Prozesse gestemmt werden kann. Damit steht und fällt auch ein schneller Return on Investment (ROI). Kunden binden sich nur langsam an neue Online-Shops und neigen dazu, dem günstigsten Angebot im Netz hinterherzujagen („Free-Rider"-Problematik). Hier ist ein langer Atem gefragt, der sich nicht immer in eine verlässliche Kundenbindung verwandelt. Dabei geht es auch darum, das Vertrauen der Zielgruppe zu gewinnen, da Online-Shopping immer auch mit einer Preisgabe persönlicher Daten einhergeht. Die Zeit nach dem Kauf fällt ebenfalls ins Gewicht: Wenn der Kundenservice bei Reklamationen und Retoursendungen versagt und die Abwicklung zu kompliziert oder kostenintensiv ausfällt, können Online-Kunden schnell nachhaltig verprellt werden.

Große Player dominieren das Geschäft

Fakt ist laut Heinemann, dass es für Unternehmen zusehends schwieriger wird, im E-Commerce nachhaltig Fuß zu fassen und diesen als primären Absatzkanal auszubauen. Demnach profitieren vor allem die großen Player wie Amazon, aber auch deutsche Unternehmen wie der Modeversand Zalando und der breit aufgestellte Online-Händler Otto vom E-Commerce-Boom. Auch einige Multi-Channel-Händler, wie die Parfümeriekette Douglas oder das schwedische Möbelhaus Ikea, haben ihre Chance ergriffen. In den Startlöchern stehen zudem Unternehmen aus dem asiatischen Raum, die mit Plattformen wie Alibaba und Wish bereits ihr disruptives Potenzial unter Beweis gestellt haben.

„Abgesehen von den skizzierten Online-Gewinnern wächst der Online-Markt für „den Rest" kaum noch oder schrumpft sogar, auch wenn der gesamte Online-Markt noch zweistellig zunimmt", meint Heinemann im Kapitel „Meta-Targeting und Geschäftsideen im Online-Handel" seines 2021 neu aufgelegten Buchs „Der neue Online-Handel". „Die Wachstumsraten des Online-Handels verlangsamen sich und das absolute Wachstum nimmt mittelfristig leicht ab", so der Springer-Autor (Seite 51). Wichtig ist, ein Alleinstellungsmerkmal zu finden, welches das Geschäft als Profi auf seinem Gebiet verkauft. Auch bei der Belieferung können lokale Händler punkten, wie Heinemann auf Seite 40 schreibt: „Sie können dabei ihre räumliche Nähe zum Kunden ausspielen. Möglich wäre, den Kunden mehr Zeit einzuräumen, als das der Paketbote tut, der aus Kundensicht viel zu schnell wieder weg ist".

Zur Nachverfolgung der enthaltenen Literaturhinweise siehe https://www.
springerprofessional.de/vertriebskanaele/handel/online-handel-birgt-sowohl-cha
ncen-als-auch-risiken/6604604.

Welche Chancen im Metaversum stecken

Eva-Susanne Krah

Das sogenannte Metaverse, also die Verknüpfung und Ausschöpfung moderner virtueller Technologien im B2B- oder B2C-Bereich, im virtuellen Raum, bietet dem Vertrieb künftig viel Potenzial. Konsumenten schätzen die Möglichkeiten jetzt schon.

Kundenpräsentationen mit VR- oder AR-Technologie, virtuelle Kundentermine, Chats oder weitere Social-Connecting-Technologien sind das große neue Thema für Vertrieb, Marketing und die Konsumentenwelt. Ein virtuelles „Metaversum", das diese Technologien verbindet und neuen Mehrwert in Echtzeit bieten soll, klingt fast noch nach Science Fiction. Doch nicht umsonst hat sich der Facebook-Konzern erst jüngst in „Meta" umbenannt, um die nächste virtuelle Realität im Bereich der sozialen Medien damit auch äußerlich einzuläuten. Gerade in Corona-Zeiten bieten sich nicht nur im B2C-Bereich sondern auch für B2B-Geschäfte Raum für neue Geschäftsmöglichkeiten.

In der Definition des Gabler Wirtschaftslexikons ist das Metaversum „ein virtueller Raum, in dem sich Benutzer mithilfe von Avataren bewegen und in dem sie virtuelle Artefakte beeinflussen und nutzen können, etwa wenn sie sich Kleidung überziehen, ein Haus bauen und dieses einrichten, eine Tür öffnen und auf die Straße hinaustreten und dort Mitspieler und Gleichgesinnte treffen. Wie in der realen Welt kann man dort leben, arbeiten, lernen, Handel treiben, Gespräche führen und Beziehungen aufbauen".

© Springer Fachmedien Wiesbaden GmbH, ein Teil von Springer Nature 2022
J. Leitherer und E.-S. Krah, *Best of springerprofessional.de: Marketing + Vertrieb*, essentials, https://doi.org/10.1007/978-3-658-39448-6_2

Neue Shoppingwelten locken Kunden

Eine repräsentative Online-Befragung von Annalect und OMD Germany unter 3000 Bundesbürgern im Alter zwischen 16 und 60 Jahren zeigt, dass das Interesse an der Metaverse-Welt durchaus groß ist:

- 61 % der Befragten nutzen oder interessieren sich für Metaverse,
- elf Prozent haben bereits Erfahrungen mit virtuellen Welten gesammelt,
- 32 % können sich eine Nutzung vorstellen, nur
- 12 % schließen eine Nutzung von Metaverse-Welten komplett aus und
- 41 % sehen sich im Metaversum vor allem, um zu shoppen,
- sich weiterzubilden (45 %) oder
- zu spielen (46 %).

Ziel ist eine Cross-Plattform-Gestaltung, die Verkauf, Information, Freizeit und weitere Bereiche verbinden kann, wie OMD Germany zum Metaverse-Trend feststellt. Vertreter der neuen Shoppingwelten, die den Trend befeuern, sind vor allem Internetplattformen, (Social)-Media aktive Marken wie Amazon und Google oder Tech-Firmen wie Apple, Sony und andere.

Kunden im virtuellen Raum abholen

Doch auch für Unternehmen, also im B2B-Bereich, wird das Thema Metaverse künftig relevanter, etwa für den Einsatz der Technologien bei Kundenpräsentationen, Vertragsverhandlungen und Produktpräsentationen von Vertriebsteams, die bisher vor Ort persönlich stattfanden.

Markenhersteller können Metaverses beispielsweise nutzen, um digitale Kaufhäuser für ihre Kunden zu gestalten, sie zu beraten oder sich mit ihnen dort zu treffen und dies als neuen Kanal für Touchpoints in der Omnikanal-Customer Journey zu nutzen. Interessant am Metaverse ist überdies, dass es theoretisch keine Kapazitätsgrenzen im virtuellen Raum im Vergleich zur realen Wirklichkeit gibt, etwa einem Verhandlungsgespräch zwischen Verkauf und Einkauf oder einem Ladengeschäft.

Im Handel ist die Anforderung nach neuen, miteinander verbundenen virtuellen Welten nicht ganz neu. Die Springer-Autorin Esther Swilley schrieb zum Beispiel bereits vor mehr als fünf Jahren im Kapitel „Moving Virtual retail into reality: Examining Metaverse and Augmented Reality in the Online Shopping

Experience", dass der Handel neue, robuste Online-Shopping-Erlebnisse für Kunden kreieren müsste und dass dies das Einkaufserlebnis von Kunden sowohl im E-Commerce als auch mobil steigern könne.

Weitere Möglichkeiten bieten sich in der Werbewelt für das Sponsoring von Markenevents oder virtuelle Markenstores.

Produkttests und bessere Kundenerlebnisse

Räume im Metaversum, in denen der Kunde sich bewegen kann, machen beispielsweise Produkte und -konfigurationen für ihn besser erlebbar und können das Kundenerlebnis bis zum Abschluss steigern. Über virtuelle Kundenkontaktpunkte können zudem etwa Produkte getestet oder neue Kundensegmente erschlossen werden. Auch für Verkäufer bietet dies neue Möglichkeiten, ihre Kundenbeziehungen auszubauen. Doch dazu müssen sie sales-fit werden und mehr Digitalkompetenz erlangen, für digitale Kundenkommunikation, virtualisierte Meetings oder Remote Selling, schreibt Andreas Buhr, Gründer und CEO der Buhr & Team Akademie AG, Düsseldorf, im Sales-Excellence-Beitrag „Sales-fit werden für bessere Geschäfte" (Ausgabe 10 | 2021).

Nicht zuletzt lassen sich über Metaverse-Strukturen wertvolle Kunden- und Nutzungsdaten sammeln, die Kundenprofile für Vertrieb und Marketing liefern.

Zur Nachverfolgung der enthaltenen Literaturhinweise siehe https://www.springerprofessional.de/vertriebskanaele/vertriebstools/welche-chancen-im-metaversum-stecken/20169120.

Virtual Selling verändert den Vertrieb

Johanna Leitherer

Der Vertrieb muss auch unabhängig von der Pandemie an seiner Digitalisierung arbeiten und neue Verkaufsstrategien etablieren. Da virtuelle Events und Messen aber nach wie vor nicht flächendeckend von Sales-Experten genutzt werden, ist hier noch viel Luft nach oben.

Im Vertrieb führt der digitale Wandel zu besonders tiefgreifenden Veränderungen, und das nicht nur im Hinblick auf die Arbeitsweise, sondern auch in Bezug auf das generelle Berufsverständnis. Während vor der Pandemie das persönliche Verkaufsgespräch, etwa auf Messen, noch zu den gängigsten Mitteln der Kundenakquise zählte und mit großem ideellen Wert verknüpft wurde, hat die Corona-Krise gelehrt: Es geht oftmals auch ohne das physische Erlebnis.

„Online-Events und digitale Messen stehen spätestens seit der Covid-19 Krise an der Tagesordnung und haben ihre Wirksamkeit bewiesen. Hier sollte man diverse Optionen als Aussteller evaluieren und auch die Organisation eigener Events in Betracht ziehen, denn die Teilnahme- und Organisationskosten stehen in keinerlei Relation zu den klassischen Messeformaten und bieten unter Umständen mehr Output für weniger Geld", meint auch Springer-Autorin Livia Rainsberger im Kapitel „Vertriebstechnologie: Ein Ozean an Möglichkeiten" ihres Buchs „Digitale Transformation im Vertrieb" (Seite 279). Selbst traditionelle branchenspezifische Messen und Kongresse haben deshalb auf hybride Veranstaltungsformate bestehend aus digitalen und analogen Elementen umgestellt.

© Springer Fachmedien Wiesbaden GmbH, ein Teil von Springer Nature 2022
J. Leitherer und E.-S. Krah, *Best of springerprofessional.de: Marketing + Vertrieb*, essentials, https://doi.org/10.1007/978-3-658-39448-6_3

Jüngere Vertriebler sind digitalaffiner

Weitere Events- und Veranstaltungsmöglichkeiten haben beispielsweise soziale Plattformen auf den Weg gebracht. Xing Events, Eventbrite und Linkedin gehören zu Anbietern in diesem Bereich. Doch die Option, virtuelle Events zu nutzen, kommt nicht für jeden Vertriebler infrage. So besuchen 37 % des Sales-Personals keine dieser Veranstaltungen, wie eine Studie der Marketing-Plattform Hubspot gemeinsam mit dem Markforschungsinstitut Opinium Research zeigt.

Die geringe Nutzungsrate kommt allerdings hauptsächlich durch die Zurückhaltung der über 55-jährigen Vertriebsprofis zustande, von denen nur etwas mehr als die Hälfte von Virtual Selling Gebrauch macht. Von den 18- bis 34-jährigen Kollegen haben dagegen 70 % im letzten Jahr an digitalen Events teilgenommen.

- Webinare (68 %),
- interaktive Diskussionsrunden (43 %) und
- virtuelle Versionen von physischen Messen und Konferenzen (28 %) sind für Vertriebsmitarbeiter, die virtuelle Veranstaltungen besuchen, die beliebtesten Formate.

Virtuelle Events setzen sich durch

Dieser Unterschied zwischen den Altersgruppen kommt grundsätzlich nicht überraschend. 58 % der über 55-jährigen Studienteilnehmer gaben jedoch an, dass sie persönliche Kundengespräche auf formellen Geschäftsveranstaltungen wie Fachmessen als Methode der Kundenakquise bevorzugen. Angesichts dessen hätte gerade diese Altersgruppe an virtuellen Messe-Alternativen ganz besonders interessiert sein können, um die Pandemie bestmöglich überbrücken zu können.

Auch nach der Krise wird es auf Know-how in diesem Bereich ankommen. Denn physische Events werden zwar aller Voraussicht nach ein Comeback feiern, aber nicht zu ihrer alten Präsenz wie zu Zeiten vor der Corona-Krise zurückkehren, ist sich Gregor Hufenreuter von Hubspot sicher. „Unternehmen müssen sich nun fragen, wie sie die Begeisterung ihrer jüngeren Mitarbeitenden für virtuelle Events nutzen und gleichzeitig einen Weg finden können, um die persönlichen direkten Beziehungen, die bei älteren Vertriebsmitarbeitenden immer besser funktioniert haben, nachzubilden", lautet deshalb sein Fazit.

Viele Formen virtueller Begegnung

Noch verfügen gerade einmal 13 % der Befragten in ihrer Organisation über eine Remote-Strategie rund um digitales, ortsunabhängiges Arbeiten. Dennoch tritt die Digitalisierung hiesiger Vertriebsteams nicht auf der Stelle. Die E-Mail konnte sich beispielsweise als primärer Akquisekanal durchsetzen, auch unter den über 55-jährigen Sales-Experten. Darüber hinaus hat sich die Nutzung von Videoanrufen von 23 auf 42 % fast verdoppelt. Das gesprochene Wort wird zudem immer öfter durch Textnachrichten ersetzt.

Generell verliert die persönliche Interaktion mit dem Vertrieb laut Springer-Autorin Rainsberger immer mehr an Relevanz für den Geschäftskunden. Weitaus wichtiger sei es für diese Zielgruppe mittlerweile, Informationen zu Produkten und Einkaufskonditionen selbst recherchieren zu können. Eine Möglichkeit, den Kunden nicht im World Wide Web zu verlieren, besteht in der Nutzung moderner Kommunikationskanäle und technologischer Hilfsmittel.

„Auch im Bereich der Kundengewinnung bietet uns die Technologie viele interessante Möglichkeiten, schneller und mehr Kunden zu gewinnen, wie zum Beispiel Searchbots oder Sales Intelligence Tools. Mit Banner, Chatbots, Quizzen und Umfragen sowie kostenlosen Analysen kann man auf kreativen Wegen potenzielle Interessenten finden. Influencer-Marketing und Bewertungen sind das Empfehlungsmarketing im digitalen Raum und sehr wohl auch für den B2B-Bereich hochrelevant. Und mit digitalen Events, Messen und Webinaren kann man oft günstiger als mit einer klassischen Messe Leads generieren", fasst Rainsberger im Kapitel „7 W-Strategie zur digitalen Transformation des Vertriebs: WIE schließen wir die Lücken?" zusammen (Seite 92).

Zur Nachverfolgung der enthaltenen Literaturhinweise siehe https://www.springerprofessional.de/vertriebsstrategie/kundenmanagement/virtual-selling-veraendert-den-vertrieb/19360564.

Remote Selling ist gekommen, um zu bleiben

Eva-Susanne Krah

Remote Selling gehört seit Start der Corona-Krise zum Mindset des Verkaufs und hat das Kundenmanagement verändert. Worin die Chancen liegen.

Auf dem Weg zum Vertrieb 4.0 wirkt Corona als Beschleuniger. Die Pandemie hat die Entwicklung in den Vertriebsteams vorangetrieben, Kundenberatungsprozesse, Präsentationen und die Zusammenarbeit zwischen Vertrieb und Marketing deutlich mehr remote abzuwickeln und eine neue Vertriebskultur einzuläuten. „Verkaufen passiert aus dem Home-Office heraus. Virtuelle Kundentermine mit Zoom, Webex, Teams und Co. haben uneingeschränkt Einzug gehalten. Dadurch hat der Vertrieb den ersten Impuls zu einem Kulturwandel erhalten und diesen sollten wir alle als Chance sehen neue Vertriebskanäle zu nutzen", bemerkt Sabine Pastwinski, Account Manager Manufacturing bei der D.velop AG in einem Blogbeitrag.

Eine B2B-Studie des Beratungshauses Mc Kinsey verdeutlicht die Entwicklung hin zur Remote- Vertriebsarbeit. Danach geben beispielsweise mehr als drei Viertel der länderübergreifend befragten Käufer und Verkäufer an, dass sie heute digitale Selbstbedienung und menschliche Interaktion aus der Ferne einer persönlichen Interaktion mit Verkäufern vorziehen. „Anstatt eines direkten Kontakts zum Vertriebsmitarbeiter bevorzugen viele Einkäufer mittlerweile die sogenannte ‚digitale Selbstbedienung', stellen auch die Springer-Autoren Dr. Matthias Huckemann und Stephanie Mey im Kapitel „Das alte Vertriebsmodell ist in die Jahre gekommen" des Buchs „Synchrionisieren ist das neue Selling" fest".

Als Gründe für ihr remote Verhalten nennen die Entscheidungsträger aus der Studie im B2B-Sektor zum Beispiel

- überschaubare Reisekosten,
- einfachere Terminierung oder

J. Leitherer und E.-S. Krah, *Best of springerprofessional.de: Marketing + Vertrieb*, essentials, https://doi.org/10.1007/978-3-658-39448-6_4

- Sicherheit.

Nur 20 % der befragten B2B-Sales-Entscheider hoffen, zum Face-to-Face-Verkauf zurückzukehren. Dies gilt sogar in Bereichen, die traditionell von Field-Sales-Modellen mit Außendienstmannschaften geprägt sind, wie etwa der Pharma- oder Medizinprodukte-Vertrieb. Das zeigt, dass es eine Rückverlagerung hin zu weniger remote wohl nicht geben wird. Vielmehr kommt es für Verkäufer auf die Wahl des richtigen Kanals zur richtigen Zeit in der Zusammenarbeit mit den Kunden an, um Verkaufsbotschaften zu übermitteln wie auch Abschlüsse effizient durchzuführen. Kunden marktzentriert bearbeiten, herkömmliche Vertriebsroutinen ablegen und remote flexibel agieren, um die Buyer Journey des Kunden optimal zu begleiten, lautet das Gebot der Stunde.

Effizienz steigt

67 % der befragten Studienteilnehmer in Deutschland geben verglichen mit der Zeit vor Covid-19 zudem an, dass digitale Vertriebsarbeit und Services mit Kunden effizienter sind als vor der Krise. Schaut man sich die B2B-Käuferseite an, so sind beispielsweise 32 % der befragten Käufer bereit, für neue Produkte oder Services ein maximales Ordervolumen zwischen 50.000 bis 500.000 US$ per digitalem End-to-End Self-Service oder über menschliche Remote-Interaktion abzuwickeln. Die Mehrzahl der B2B-Unternehmen haben ihre Arbeitsweise auf digital umgestellt. 41 % kommunizieren mit ihren Verkäufern etwa per Videokonferenz, 23 % über Online Chat.

Vertriebsarbeit nach altem Muster weicht mehr remote

Vertriebsarbeitsweisen nach altem Muster haben nach Meinung von Huckemann ausgedient. Tatsächlich hat aus seiner Sicht die Digitalisierung „auch vorher schon kräftig Fahrt aufgenommen und den Vertrieb in vielen Branchen durcheinandergewirbelt." Seit der Pandemie aber seien die Unternehmen in einem atemberaubenden Tempo gezwungen, Antworten zu finden. So beobachtet auch er: „Plötzlich ist es möglich, Kunden virtuell zu besuchen, Reisezeiten einzusparen, die in der Vergangenheit in einem Geschäftsjahr 50 Arbeitstage und mehr pro Mitarbeiter gekostet haben."

Mehr zu Remote Selling und zu weiteren Vertriebsthemen ist im gemeinsamen Vertriebspodcast „Ganz.Einfach.Vertrieb" von Mercuri und der Springer-Vertriebsfachzeitschrift Sales Excellence zu hören: https://mercuri.de/insights/mercuri-podcast-episode-17-mehrwert-fuer-den-vertrieb-vom-magazin-zur-plattform/.

Zur Nachverfolgung der enthaltenen Literaturhinweise siehe https://www.springerprofessional.de/kundenmanagement/kundenakquise/remote-selling-ist-gekommen-um-zu-bleiben/19298488.

Die fünf Phasen bis zum Verkaufsabschluss

Eva-Susanne Krah

Verkaufsgespräche werden immer anspruchsvoller, weil Kunden im Vorfeld besser informiert und dadurch entscheidungsstark sind. Dennoch folgen sie bestimmten Phasen. Die wichtigsten Tipps finden Sie in Teil 3 unserer Checklisten.

Gesprächsvorbereitung, Bedarfsanalyse, Bedarfsfestlegung, Angebot und Abschluss: Diese wichtigsten Phasen bis zum Verkaufsabschluss durchläuft jeder Verkäufer tägliche viele Male in Kundengesprächen. Dabei kommt es in jeder Phase darauf an, dass zentrale Formulierungen und Schritte in den einzelnen Verkaufsphasen richtig eingesetzt werden, um beispielsweise Kundeneinwänden zu begegnen und keine Umsatzchancen zu verschenken. Je besser die Vorbereitung und Kenntnis des Kundenbedarfs, desto schneller können die einzelnen Verkaufsphasen durchlaufen werden. Die Dauer der Verkaufspase kann dabei sehr unterschiedlich sein, meint Vertriebsspezialistin Livia Rainsberger, Geschäftsführerin von Wissence, Wien. Danach zahlen etwa die Kontaktquelle (Lead Source), das Produkt und die Kundenstruktur darauf ein, wie lange ein B2B-Verkaufszyklus bis zum Abschluss dauert. Auf wissence.at nennt sie zwei Beispiele: „Ein Verkaufsprozess, der mit einem Kaltanruf begann, wird länger dauern, da der Kunde vor dem ersten Kontakt noch keine Kaufabsicht hatte. Standardprodukte bedürfen tendenziell einen kürzeren Vertriebszyklus als Produkte, die eine Anpassung oder eine komplexe Implementierung erfordern."

Mit einer sorgfältigen Vorabanalyse, wie sie Oliver Schumacher im Springer-Kapitel „Wie sie Verhalten besser verstehen" beschreibt, können Verkäufer zudem Kundensituationen und das Kommunikationsverhalten vorausschauend besser verstehen und Kunden nachhaltig überzeugen.

© Springer Fachmedien Wiesbaden GmbH, ein Teil von Springer Nature 2022   17
J. Leitherer und E.-S. Krah, *Best of springerprofessional.de: Marketing + Vertrieb*, essentials, https://doi.org/10.1007/978-3-658-39448-6_5

Der Nutzen muss überzeugen

Der Springer-Autor Ingo Poggensee stellt in seinem Buch „Verkaufen!" fest, dass die Lösung für alle Angebots- und Abschlussverhandlungen vor allem in der Nutzenargumentation und der Bedarfsanalyse liegt. Die Nutzenargumentation sei „wie das Drehen des Schlüssels im Schloss der Verkaufstüre", so Poggensee im Kapitel „Treffende Nutzenargumentation – was Kunden glücklicher macht"

Zwei zentrale Fragen sind aus aus seiner Sicht entscheidend:

- Welche potenzielle Bedarf haben Kunden konkret?
- Welchen Nutzen können Kunden aus einem Leistungsangebot ziehen?

Die nachfolgenden Checklisten bieten eine strukturierte Hilfe durch den Verkaufsprozess, beispielsweise im Kundentelefonat. Hier einige Formulierungen für erfolgsrelevante Verkaufsbausteine in der telefonischen Gesprächsvorbereitung und im Terminierungstelefonat.

Checkliste 1 Verhandlungsgespräch Verkaufsphasen

Phase	To Do
Einleitungsphase	• Begrüßung und Handgeben Sitzhaltung überprüfen • Blickkontakt/aktiv zuhören Warm up-Phase durch Small Talk
Rahmen abstecken	• Zeitdefinition Gemeinsame Zielsetzung Inhaltlicher Ablaufplan
Abgleichsphase	• Zusammenfassung der Anforderung des Kunden Vertiefung des Kundenwunsches (Sind noch weitere Aspekte bzgl. der Anforderung seit unserem letzten Gespräch dazugekommen?) Bei bestehenden Kunden: Bewertung der Zufriedenheit mit der Zusammenarbeit (Lieferung, Qualitäten, Betreuung etc.)
Argumentationsphase	• Nennung des Preises und Schweigepause setzen Reaktion des Kunden hinterfragen und Verständnis dafür zeigen Nutzenargumentation: Erläuterung und Vertiefung der ersten Argumente
Verhandlungsphase	• Weitere Verhandlungsargumente einsetzen • Ergebnis finden (Preisdurchsetzung/Absage/Vertagung/Kompromiss) Zusammenfassung der Ergebnisse
Abschlussphase	• Bedankung • Festen Verbleib treffen • Aufzeigung der nächsten Schritte • Positive Bewertung des Gespräches geben • Small Talk und Verabschiedung

Quelle: Ingo Poggensee, „16. Praktische Checklisten und Tipps", in: „Verkaufen", S. 245

Checkliste 2 Terminierungstelefonat
Bedarfsanalyse und Nutzenargumentation

Formulierung

(I): „Wie lösen Sie momentan Lieferschwierigkeiten?"

(I): „Mit wem arbeiten Sie im Augenblick in diesem Bereich zusammen?"

(I): „In welchen Bereichen setzen Sie zurzeit …ein?"

(B): „Wann und in welcher Form sehen Sie wieder einen Bedarf?"

(M): „Wie schätzen Sie die momentane Entwicklung im Bereich … ein?"

(M): „Wann glauben Sie wird sich der Markt wieder erholen?"

(M): „Welche Meinung haben Sie zur aktuellen Diskussion zum Thema …?"

(P): „Viele unserer Kunden sind immer noch unzureichend informiert über die Servicedienstleistungen unseres Unternehmens und fragen zur Zeit bei uns an, wie man in der wirtschaftlich angespannten Situation … Wie gehen Sie heute vor?"

Quelle: Ingo Poggensee, „Verkaufen", „16. Praktische Checklisten und Tipps", S. 234 f.

Checkliste 3 Nachfasstelefonat (Auszug)

Nutzenargumentation

„Wir bieten speziell Unternehmen Ihrer Größe eine einfache und preiswerte Möglichkeit, …"

„Wir können Ihnen durch unser neues Produkt XY eine erhöhte Garantie von 24 Monaten bieten…"

Quelle: Ingo Poggensee, „Verkaufen", „16. Praktische Checklisten und Tipps", S. 235 f.

Zur Nachverfolgung der enthaltenen Literaturhinweise siehe https://www.spring erprofessional.de/verkaufstechniken/verkaufspsychologie/die-fuenf-phasen-bis-zum-verkaufsabschluss/17587572.

Neue Wege in der Kundenbindung

Eva-Susanne Krah

Bestandskunden zu binden und das Kundenvolumen zu erweitern, ist seit der Corona-Krise für den Vertrieb umso wichtiger geworden. Mit Maßnahmen zur Kundenbindung in digitalen Kanälen können wirksame Effekte erzielt werden. Unter anderem winken Kostenvorteile.

„Die digitale Transformation hat sich durch die Pandemie nicht nur deutlich beschleunigt", sondern neben Remote Work im Vertrieb auch neue digitale Kunden gebracht. Das bestätigen Ergebnisse der Adobe-Studie „Digital Trends 2021". Technologien rund um Customer Experience und die Customer Journey sowie bei Kundenbindungsmaßnahmen von Unternehmen in digitalen Kanälen stehen demnach stark im Fokus des Vertriebs, ob im B2B- oder im B2C-Bereich.

Zudem geben 30 % der Befragten aus der Studie (Basis: 13.000 weltweite Marketing- und IT-Experten) an, dass Kunden heute weniger loyal gegenüber Produkten und Marken sind.

Wie sich Maßnahmen im B2B-Bereich besser steuern lassen

Marketing und Vertrieb können im B2B-Bereich ihre digitalen Maßnahmen zum Kundenbindungsmarketing in verschiedenen Stufen und je nach Kundenwert steuern. Dabei geht der Springer-Autor Axel Steuernagel im Kapitel „Digitale Kundenbindung" seines essentials „Digitale Transformation des Marketings und Vertriebs in B2B-Unternehmen" davon aus, dass das sogenannte Customer Tiering, also die Aufteilung von Marketing- und Vertriebsmaßnahmen nach Kundensegmenten, auf

© Springer Fachmedien Wiesbaden GmbH, ein Teil von Springer Nature 2022
J. Leitherer und E.-S. Krah, *Best of springerprofessional.de: Marketing + Vertrieb*, essentials, https://doi.org/10.1007/978-3-658-39448-6_6

- externen Daten (Geografie, Branche und Unternehmensdemografie oder Firmografie (Mitarbeiter, Umsatz) und
- Data-Mining-Technologien, die interne Daten zum Kundenverhalten auswerten, basiert.

Letztere erzeugen eine sogenannte LRFM-Segmentierung. Diese Modelle bewerten Kunden auf der Grundlage von Daten zu

- ihrer Beziehungslänge zum Unternehmen (L),
- dem Zeitpunkt der letzten Transaktion (R),
- der Kaufhäufigkeit (F) und
- dem monetären Wert (M) (Kandeil et al. 2014).

Dabei wird in Investitionen in Vertrieb, Service und Support je nach Kundenwert unterschieden.

Kostenstellschraube je nach Zielgruppe

Steuernagel stellt fest, dass digitale Kanäle „über alle Segmente hinweg das Kundenengagement verbessern" und „die Kosten für die Betreuung" reduzieren. Darüber hinaus wird deutlich, dass auch Account Manager sich auf neue Kanäle einstellen. „Sie arbeiten mit Social Media und Videokommunikation", so der Experte. B2B-E-Commerce und automatisiertes Bestellwesen werden aus seiner Sicht zum zentralen Erfolgsfaktor für industrielle Produzenten und Distributoren.

Doch die neue Welt der digital getriebenen Kundenbetreuung und Kundenbindung in B2B-Unternehmen erfordert vor allem eine verstärkte Zusammenarbeit zwischen den Marketing-und Vertriebsteams im Account Management und hat Auswirkungen auf die Vertriebsführung. Dabei rücken immer stärker auch virtuelle Kommunikationsinstrumente ins Blickfeld des Vertriebs. Ziel ist, Kunden zu einzelnen Produkten zu informieren oder besondere Maßnahmen anzubieten, die sie rund um Kaufprozesse IT- und Marketing gestützt versorgen.

Typische digitale Tools sind etwa verschiedene Kundensupport-Angebote wie interaktive Website-Funktionalitäten, Q&As oder Chat-Funktionen. Darüber hinaus setzt der Vertrieb über digitale Kanäle auch zunehmend Webinare sowie Web- oder Podcasts ein. Das zeigt, dass sich auch die IT-Landschaft für Marketing- und Vertriebsfunktionen von B2B-Unternehmen verändert, wie Steuernagel im Kapitel „Relevante Marketing- und Vertrieb Technologien" näher beschreibt (Seite 45).

Vertriebler werden Virtual Account Manager

Kundenbindungsmaßnahmen für digitale Kanäle erfordern mithin den Wandel der Vertriebler hin zu Social Account Managern. Entsprechend sind neue Fähigkeiten der Vertriebsteams gefragt, um kaufende Kunden an Unternehmen zu binden. Steuernagel sieht den Umschwung bei der Arbeit der Verkäufer im Vertrieb so: „Veränderte Käufererwartungen erfordern einen neuen Typus von Vertriebsmitarbeiter, mit anderen Fähigkeiten und Ansätzen für das Kundenmanagement." Diese neuen „Virtual Account Manager" (VAE) kooperieren mit internen Einheiten wie Marketing, IT und Customer Support.

Zur Nachverfolgung der enthaltenen Literaturhinweise siehe https://www.spr ingerprofessional.de/kundenmanagement/kundenakquise/neue-wege-in-der-kun denbindung/19709710.

Key-Account-Kunden richtig betreuen

Eva-Susanne Krah

Schlüsselkunden sind ein wertvoller Anker für den Vertrieb. Ihre Customer Experience strahlt auf das ganze Unternehmen aus und sichert Umsätze. Wer sie frühzeitig integriert, kann nur gewinnen.
   Strategischen Key Account Managern im Vertrieb kommt eine tragende Rolle zu. Sie kümmern sich um die umsatzstarken Großkunden, sind für das Erreichen von Verkaufsquoten verantwortlich und erhalten strategische Ziele, die für wertvolle Key Accounts relevant sind. Spätestens seit der digitalen Transformation wird ihr Wissen über Schlüsselkunden umso erfolgskritischer für den Vertrieb. Die Aufgaben von Key Account Managern wurden bereits unter normalen Bedingungen immer anspruchsvoller, jedoch noch stärker seit Start der Pandemie, wie die Vertriebs- und Führungsexperten Dr. Markus Müllner, Professor Dr. Christian Belz und Professor Dr. Dirk Zupancic beobachten. Hinzu kommt, dass Kontaktbeschränkungen und „der vielerorts festzustellende tiefgreifende Wandel hin zu digitalen Lösungen in Beschaffung und Einkauf" aus Sicht der Sales-Excellence-Autoren die Art und Weise verändern, wie Key Account Manager mit internen und externen Netzwerke umgehen, schreiben sie im Beitrag „Die Kernkompetenzen erkennen und weiterentwickeln" (Sales Excellence-Ausgabe 4-2021, Seite 42). Key Account Manager müssten in einer dynamischen Welt über Kunden-, Führungs- und Selbstkompetenz verfügen. Führungskräften komme daher die besondere Aufgabe zu, in ihrer Vertriebsführungsarbeit die Kundenkompetenz sowie die Führungs- und Selbstkompetenz weiterzuentwickeln, um Key Account Manager wirkungsvoll anzuleiten.

Verschiedene Kunden, flexible Strategien

Der Blick auf den langfristig wichtigen strategischen Kunden zeigt: Nicht nur unterschiedliche Produktportfolios, Konditionen und Verkaufsansätze sind in der Betreuung von Key Accounts wichtig. Auch ein ganzheitlicher Ansatz im Vertrieb ist entscheidend, beispielsweise durch Kundenintegration. Hier gilt: Je frühzeitiger bedeutsame Kunden beispielsweise in die Produktentwicklung spezifischer Komponenten, etwa im Maschinen- und Anlagenbau, sowie in digitale Prozesse eingebunden werden, desto enger kann die Kundenbindung und die künftige Wertschöpfung mit diesen Schlüsselkunden werden. Das trägt zur langfristigen Umsatzsicherung des Vertriebs bei.

Ein weiteres Beispiel sind neue Dienstleistungen und Innovationen von Unternehmen, die am Markt platziert werden sollen. Auch hier spielt die Kundenintegration eine Rolle, etwa im Rahmen der Automatisierung von Prozessen. Denise Joecks-Laß beobachtet im Kapitel des Springer-Buchs „Automatisierung und Personalisierung von Dienstleistungen" von Manfred Bruhn und Karsten Hadwich, dass beispielsweise Automatisierungstechnologien nicht mehr nur bei der Produktion von standardisierten Produkten eingesetzt werden, sondern „zunehmend bei der Personalisierung im Dienstleistungsprozess, in der Dienstleistungsinteraktion sowie im Wertgenerierungsprozess zwischen Kunde und Unternehmen." Kunden können im Zuge der Dienstleistungserstellung sowohl aktiv teilnehmen (Kundenpartizipation) als auch Faktoren des Kunden integriert werden. Der jeweilige Grad kann dabei variieren, mit unterschiedlichen Kundenrollen, erklären sie.

Geschäftsmodelle und Ressourceneinsatz prüfen

Experten des Spezialisten für Account Management Software, Demandfarm, betonen überdies, dass durchaus auch unterschiedliche Geschäftsmodelle für Key-Account-Kunden sinnvoll sein können, denn: „Der eine häufige Fehler, den viele Unternehmen, sowohl kleine als auch große, machen und wiederholen, ist, dass sie alle ihre Kunden mit dem gleichen Geschäftsmodell behandeln."

Welche Ressourcen in welcher Form investiert werden sollen, ist eine der Hauptfragen, mit denen der Vertrieb bei der Betreuung strategischer Key Accounts konfrontiert wird. „Automatisierte Systeme und Prozesse werden am besten für die 80 % Ihrer Accounts funktionieren, während Sie Ihre persönliche Zeit sicher in den Verkauf der restlichen 20 % Ihrer Key Accounts investieren und konzentrieren können", so die Experten von Demandfarm. Die beiden unterschiedlichen Account-Typen richtig einzuschätzen und zu betreuen, ist wesentliche Voraussetzung, um Vertriebspotenziale optimal auszuschöpfen.

Welche Faktoren im KAM zählen

Vertriebswissenschaftler Zupancic rät Unternehmen in einem Kapitel seines Buchs „Sales Drive", Key Accounts besonders in den Fokus ihrer Bemühungen zu stellen. „Key Account Management bedeutet systematische Analyse und systematisches Management", so Zupancic. Die Bedeutung eines einzelnen Key Accounts ergebe sich dabei nicht nur aus der Höhe des Umsatzes, sondern aus einer Reihe weiterer Faktoren. Ziele des KAM sind beispielsweise

- das (quantitative und qualitative) Wachstum der Kundenbeziehung,
- die Stärkung der Profitabilität des Kunden,
- größere Anteile an dessen Gesamteinkaufsvolumen und
- Kundenbindung durch Steigerung der Zufriedenheit.

Aber auch das Cross-Selling-Potenzial spielt eine Rolle, um Schlüsselkunden weiterzuentwickeln. Grundlage aller Maßnahmen durch die KAM ist ein Key-Account-Plan.

Wesentliche Richtungsfragen aus der strategischen Kundenplanung können darüber hinaus auch für Key-Account-Kunden herangezogen wurden. Die Springer-Autoren Bernd Scheed und Petra Scherer nennen im Kapitel „KUNDE – Strategische Kundenanalyse und –planung" beispielsweise Potenzial, konkrete künftige Verkaufschancen mit einzelnen Kunden, aktueller Kapitalwert, Wiederkaufsrate und das Kundenverhalten entlang des Kaufentscheidungsprozesses als wesentliche Kriterien.

Zur Nachverfolgung der enthaltenen Literaturhinweise siehe https://www.spr ingerprofessional.de/key-account-management/vertriebsstrategie/key-account-kun den-richtig-betreuen/19168216.

Gute Schlüsselkunden erkennen und binden

Eva-Susanne Krah

In der Geschäftsentwicklung des Vertriebs sind strategisch bedeutsame Kunden ein wichtiger Werttreiber. Was für das Key Account Management entscheidend ist.

Kunden sind cleverer und informierter als je zuvor. Große oder wegweisende Kunden, die von Key Account Managern des Vertriebs betreut werden, wollen einen Sparringspartner, mit dem sie regionen- und geschäftsbereichsübergreifend zusammenarbeiten können. Gerade zum Jahresbeginn kommen viele potenzielle neue und bestehende oder noch zu gewinnende Schlüsselkunden im Vertrieb von Unternehmen auf den Prüfstand, denn sie bilden ein besonders wertvolles, langfristiges Kapital in der Geschäftsfeldentwicklung von Vertriebsorganisationen.

Zentrale Fragen lauten daher häufig: Mit welchen Kunden können wir engere Kundenbeziehungen schmieden, welche Kunden bieten mehr Umsatzpotenzial und welche sind als strategische Partner regionenübergreifend für uns interessant, um weiter zu wachsen?

Doch viele Unternehmen, etwa im Mittelstand, sind eher mager aufgestellt, wenn es um die strategische Bearbeitung von Schlüsselkunden geht.

„Key Account Management ist eine proaktive Methode der Kundengewinnung, Kundenpflege, Kundenbindung und Kundenentwicklung." Hans Sidow, Springer-Autor.

Auch ein entsprechender Key Account Plan fehlt dann nicht selten. Einer Studie der SAMA (Strategic Account Management Association) zufolge verfügen zwar mehr als 70 % der Unternehmen über eine Vorlage für einen Key Account Plan. Doch nur ein Bruchteil der Unternehmen greift auf ihn zurück, um die Geschäftsbeziehung zu diesen Kunden zu steuern, wie die Vertriebsberatung

Sieck Consulting festgestellt hat. Zudem messen lediglich 60 % der Unternehmen regelmäßig die Zufriedenheit ihrer Key Accounts, so eine Analyse von der Technischen Universität Ingolstadt und MP Consulting.

Steuerung nicht dem Zufall überlassen

Warum sind Key Accounts ein heikles Thema für Unternehmen? Ein Grund ist, dass sie dem Vertrieb schon im Vorfeld viel strategisches Know-how und Energie abverlangen. Im Key-Account-Management-Prozess werden Schlüsselkunden gesteuert, die dem Sales Team

- unterschiedliche Fähigkeiten,
- eine höhere Aufmerksamkeit als für andere Kunden und vor allem
- mehr Kundenpflege

abfordern. Vertriebsexperte Professor Dirk Zupancic nennt im Kapitel „Key Account Management: Ihre wichtigsten Kunden im Fokus" seines Springer-Buchs „Sales Drive" wesentliche Stellschrauben im Key Account Management: etwa

- Höhe des Umsatzes,
- (quantitatives und qualitatives) Wachstum der Kundenbeziehung,
- Stärkung der Profitabilität des Kunden,
- größere Anteile an dessen Gesamteinkaufsvolumen und
- Kundenbindung durch Steigerung der Kundenzufriedenheit

Er betont, dass diejenigen Unternehmen am erfolgreichsten agieren, die Key-Account-Kunden, von denen enorm viel abhängt, „möglichst optimal und systematisch betreuen."

Welche Kundencharaktere besitzen nun den höchsten strategischen Wert für den Vertrieb? Dabei hilft diese Übersicht weiter:

- Diese Kunden sollten zu Key Accounts werden:
- Kunden, die eine hohe Reputation verleihen oder die in andere Kunden- und Marktsegmente hineinwirken, weil ihre starke Marke den eigenen Aktivitäten zusätzlichen Schub verleiht.
- Kunden, mit denen eine strategische Zusammenarbeit sowie gemeinsame Forschungs- und Entwicklungsvorhaben möglich sind, auch wenn der Umsatz aus dieser Beziehung eher klein ist.

- Kunden, die dabei helfen, neue Geschäftsfelder zu entwickeln.
- Kunden, die das Unternehmen in vielerlei Hinsicht als Partner betrachten.
- Kunden, die heute noch kein großes Umsatzpotenzial haben, aber in diese Richtung entwickelt werden können.

Quelle: Zupancic, D.: „Sales Drive", S. 157, Wiesbaden 2019.

Marketingaktivitäten auf Key Accounts ausrichten

Key Accounts haben überdies auch Auswirkungen auf die Marketing- und Vertriebsaktivitäten. „Account Based Marketing (ABM) ermöglicht es dem Vertrieb, sich gezielt und individuell an ausgewählte Zielkunden zu richten", erklärt beispielsweise Dr. Klaus Heinzelbecker im Beitrag „Wie Sie Ihr Key Account Management optimieren". Account Based Marketing beschreibt er als Strategie für das B2B-Geschäft, die außer den Bestandskunden auch potenzielle Zielkunden im Blick hat. Dabei richtet sie sich gezielt an die jeweiligen Personen des Beschaffungskreises – etwa in Buying Centern bestimmter Zielkunden. Vor allem in der Ansprache der Key Accounts hat ABM Vorteile, denn die individuelle Ansprache vorhandener und potenzieller Kunden mit personenbezogenen Marketing- und Vertriebsprogrammen steht dabei im Fokus.

Zur Nachverfolgung der enthaltenen Literaturhinweise siehe https://www.spr ingerprofessional.de/key-account-management/vertriebsmanagement/gute-schlue sselkunden-erkennen-und-binden/17714414.

Der Lifestyle, dem die Lohas vertrauen

Johanna Leitherer

Nachhaltigkeit alleine genügt nicht, um Lohas zum Kaufen zu bewegen. Vielmehr müssen Unternehmen einiges bieten, um die Zielgruppe als Kunden zu gewinnen.

Ein nachhaltiger Lebensstil liegt im Trend, wird jedoch meist mit dem selbstlosen Verzicht auf bestimmte Konsumgüter und Verhaltensweisen gleichgesetzt. Die Verbrauchergruppe der Lohas, deren Name sich von „Lifestyle of Health and Sustainability" ableitet, will dagegen ökologisch und ethisch verantwortungsvoll konsumieren, ohne dass dabei Genuss und Wohlbefinden zu kurz kommen. Das lassen sich Lohas gerne etwas kosten. Ihre Anhänger verdienen in der Regel dementsprechend überdurchschnittlich gut, weshalb Unternehmen im Marketing viel daran setzen, um die Zielgruppe für sich zu gewinnen.

Zudem sind Lohas längst nicht mehr in einer Nische zu verorten, belegt eine Untersuchung des Marktforschungsinstituts GFK: Innerhalb von fünf Jahren ist der Anteil der Gruppe um 18 % gestiegen und bildet damit seit 2018 rund ein Drittel der deutschen Bevölkerung ab. Das Interesse der Lohas gilt vor allem Konsumgütern des täglichen Bedarfs mit einem nachhaltigen Image, wie Lebensmitteln und Kosmetika, aber auch Energiesparmaßnahmen, Mobilität und Mode.

Lifestyle und Genuss

Doch wie gelingt es Unternehmen, die anspruchsvolle Zielgruppe adäquat anzusprechen und als Kunde zu gewinnen? „In der Produktkommunikation soll, wenn möglich, als Kundennutzen der Genuss im Vordergrund stehen", weiß Karin Weissinger. „Nachhaltigkeit ist zwar modern und omnipräsent, dennoch wird in der Produktkommunikation die Vermittlung eines coolen Lifestyles stärker gewichtet, als der Nachhaltigkeit alleine", schreibt die Springer-Autorin im dritten Kapitel ihres Buchs „Online-Kommunikation für Zielgruppen mit einem nachhaltigen Lebensstil" (Seite 226), für das sie Meinungen zahlreicher ExpertInnen eingeholt hat.

Lohas gelten aus diesem Grund als designorientiert, weshalb dem Packaging eines Produkts oder der Darstellung einer Dienstleistung besonders ins Gewicht fallen. Im Gegensatz zu einer marktschreierischen Aufmachung wirke die Reduktion auf das Wesentliche automatisch natürlicher, so die Autorin. Zertifikate und Prüfzeichen, die Nachhaltigkeitsaspekte belegen, sind dabei in der Produktausstattung beinahe unverzichtbar. „Trägt ein Produkt ein Gütesiegel – ganz egal, welches es ist, ein staatliches oder frei erfundenes – verkauft es sich besser", stellt Weissinger fest (Seite 232).

Vertrauen aufbauen

Dennoch haben sich Lohas dem Nachhaltigkeitsthema nicht oberflächlich verschrieben und prüfen Produkte oder Dienstleistungen eingehend, bevor sie sich zum Kauf entscheiden. Da sich nur bedingt nachvollziehen lässt, ob die Marke gemäß ihrem Versprechen wirklich nachhaltig und ethisch vertretbar agiert, steht und fällt die Kaufentscheidung mit dem Markenvertrauen. Um dieses erfolgreich aufzubauen, ist das Marketing gefragt, eine gesamtheitliche Nachhaltigkeitsstrategie zu entwickeln.

Laut Weissinger und den befragten Experten orientiert sich eine dazu passende Unternehmenskommunikation und -politik idealerweise an den folgenden Parametern (Seite 230):

- Emotionen statt reiner Fakten
- die richtige Werbefrequenz
- Konsistenz der Inhalte
- Transparenz
- Dialogbereitschaft
- Glaubwürdigkeit durch Erklärungen
- Aufklärungskampagnen mithilfe von Storytelling
- Berichterstattung durch Medienpartner

Das richtige Maß

Unternehmen gewinnen an Glaubwürdigkeit, wenn sie sich auch unabhängig von gesetzlichen Forderungen für Nachhaltigkeit einsetzen und damit ihrer unternehmerischen Gesellschaftsverantwortung nachkommen (Corporate Social Responsibility, CSR). Denn damit lässt sich verhindern, dass das nachhaltige Leistungsangebot als Greenwashing in Verruf gerät. Auch wenn das ökologische oder soziale Engagement idealerweise authentisch und nicht profitorientiert betrieben wird, verpassen Marken besser nicht die Chance, öffentlich darüber zu berichten.

Kampagnen über die CSR-Aktivitäten sollten aber nicht einfach zu Informationszwecken konzipiert werden. Vielmehr bietet es sich an, die Zielgruppe zum gemeinsamen Engagement aufzufordern, was sich positiv auf die Markenbindung auswirken kann. Dabei gilt: „Je einfacher es ist, nachhaltig zu sein, desto eher wird es umgesetzt", erklärt Weissinger und verweist auf die „Mind-Behaviour-Gap", also den Zwiespalt zwischen Theorie und Praxis. „Denn die Diskrepanz zwischen dem, was der/die nachhaltige Konsumentin will und dem, was konsequent nachhaltig nötig wäre, würde nur durch Einbußen und Verzicht erreicht, was der/die Konsumentin nicht bereit ist, aufzugeben" (Seite 220).

Zur Nachverfolgung der enthaltenen Literaturhinweise siehe https://www.spr ingerprofessional.de/konsumguetermarketing/nachhaltigkeit/der-lifestyle--dem-die-lohas-vertrauen/17553296.

Nachhaltigkeit bewegt Kunden und Marken

Johanna Leitherer

Konsumenten achten immer mehr auf die Nachhaltigkeit von Marken und haben dabei konkrete Erwartungen, wie mehrere Studien zeigen. Die Devise lautet: mehr Sein als Schein. Doch gilt das auch für die Verbraucher selbst?

Grünes Engagement ist mehr als ein kurzweiliger Konsumtrend. Wie eine Studie des britischen Nachrichtendienstes BBC Global News zeigt, vertreten weltweit 80 % der Konsumenten die Meinung, dass der Fokus auf Nachhaltigkeit den Wert einer Marke erhöht. Für knapp ebensoviele stellt das nachhaltige Handeln von Unternehmen ein wichtiges Kriterium bei ihrer Kaufentscheidung dar. 67 % der Befragten sind sogar bereit, für ein Produkt mit grüner Seele mehr Geld auszugeben.

Mit dem nachhaltigen Engagement steht und fällt auch die Markentreue. So würden 56 % von einem Produkt ablassen, wenn es keine nachhaltigen Standards erfüllt, auch wenn sie dieses zuvor gerne gekauft haben. Dieses deutlich gestiegene Bewusstsein für Klima- und Umweltschutz ist auch eine Folge der Corona-Pandemie. Das legt eine Studie des Marktforschers Rothmund Insights aus dem Frühjahr 2021 offen. Demnach achtet ein Viertel der Bundesbürger seit der Krise verstärkt auf Nachhaltigkeit. Ein Drittel geht davon aus, bis zum Jahr 2025 „sehr nachhaltig" zu leben.

Corona verändert die Lage

Die Studienautoren begründen diese Haltung mit dem Wunsch, das pandemiebedingte Gefühl von Stillstand und Hilflosigkeit durch zukunftsorientierte Aktivitäten auszugleichen. Grünes Engagement auf Verbraucherseite könnte angesichts dessen als Bewältigungsstrategie dienen. Klaus-Dieter Hupke, Springer-Autor

© Springer Fachmedien Wiesbaden GmbH, ein Teil von Springer Nature 2022
J. Leitherer und E.-S. Krah, *Best of springerprofessional.de: Marketing + Vertrieb*,
essentials, https://doi.org/10.1007/978-3-658-39448-6_10

des Buchs „Warum Nachhaltigkeit nicht nachhaltig ist", beobachtet indes, dass die Pandemie nachhaltige Werte in gewisser Weise ausgehebelt hat. Bedingt durch das Social Distancing etwa sind das umweltbewusste Car Sharing und die Nutzung öffentlicher Verkehrsmittel in den Hintergrund gerückt.

„Corona hat den bereits vorher vorhandenen vielfältigen Nachhaltigkeitsperspektiven noch eine weitere wichtige hinzugefügt. Die in Vor-Corona-Zeiten gültige Opposition zwischen „ökologischer" und ökonomischer Nachhaltigkeit scheint, unter Schwächung beider, an Bedeutung verloren zu haben. Zugelegt hat dagegen die „gesundheitliche Nachhaltigkeit" als besonderer Aspekt der sozialen „Säule" der Nachhaltigkeit", schlussfolgert Hupke im Kapitel „Zu Bedeutung und Stellenwert von Nachhaltigkeit im Nach-Corona-Umbau der Gesellschaft" (Seite 187).

Greenwashing-Verdacht kommt rasch

Fakt bleibt: Nachhaltigkeit ist in aller Munde, auch auf Unternehmensseite. Das bedeutet allerdings nicht, dass die damit verbundenen Kommunikationsstrategien von Erfolg gekrönt sind. Mit 86 % ist sich ein Großteil der Konsumenten offenbar nicht im Klaren darüber, welche Marken wirklich nachhaltig sind und was genau ihr Engagement beinhaltet, wie die Untersuchung von Rothmund Insights belegt.

Gleichzeitig haben es auch diejenigen Unternehmen schwer, die zu stark mit ihrem nachhaltigen Engagement hausieren gehen, denn drei Viertel aller Befragten haben den Eindruck, dass Firmen das Thema Nachhaltigkeit oft nur als Werbefloskel missbrauchen und damit das sogenannte „Greenwashing" betreiben. Produkte, die als grün angepriesen werden, stehen damit schnell im Verdacht, diesem Anspruch in Wirklichkeit gar nicht gerecht zu werden. „Oft scheint es, als ob das Reden als Handlungsersatz gilt; zumal auf der globalen gesellschaftlichen Ebene die meisten Menschen ohnehin zwischen Reden und Handeln nicht streng unterscheiden", schreibt Hupke im Kapitel „Darüber-Reden als Handlungsersatz" (Seite 160).

Mehr Schein als Sein?

Das könnte unter anderem daran liegen, dass viele Dinge im Bereich des unternehmerischen verantwortungsvollen Handelns für Verbraucher letztendlich nicht überprüfbar sind. Transparenz und Authentizität gelten deshalb als zentrale Kundenwünsche, wenn es um das nachhaltige Engagement von Marken geht.

Während Konsumenten ihre Erwartungshaltung an Unternehmen kontinuierlich hochzuschrauben scheinen, lässt ihr eigenes umweltbewusstes Handeln aber oftmals zu wünschen übrig. Zu diesem Ergebnis kommt eine Untersuchung der privaten Hochschule für Ökonomie und Management (FOM).

Zwar möchten demnach 79 % beim Einkaufen auf qualitativ hochwertige Produkte achten und auch beim Thema Energieverbrauch herrscht Tatendrang. Nichtsdestotrotz ist nur die Minderheit der mehr als 14.000 Befragten bereit, nennenswerte Beschneidungen in ihrem Leben der Umwelt zuliebe vorzunehmen. 62 % geben etwa an, nicht oder nur teilweise auf Flugreisen verzichten zu wollen. Bei den Studienteilnehmenden der 12- bis 24-Jährigen liegt dieser Anteil sogar bei 80 %. „Shoppen und Fliegen ist für viele, wohl für die meisten, allemal attraktiver als die Klimastabilisierung", meint Hupke im Kapitel „Fridays-for-Future: Hoffnungsschimmer auf eine nachhaltigere Zukunft?" mit Blick auf die jüngeren Generationen (Seite 42).

Zur Nachverfolgung der enthaltenen Literaturhinweise siehe https://www.springerprofessional.de/markenstrategie/nachhaltigkeit/nachhaltigkeit-bewegt-kunden-und-marken/19642814.

Neuromarketing knackt unterbewusste Kauftreiber

Johanna Leitherer

Das Unterbewusstsein spielt bei Kaufprozessen eine zentrale Rolle. Multisensorisches Marketing kann hierfür die entscheidenden Impulse setzen. Und das nicht nur am stationären Point of Sale, sondern auch im digitalen Raum.

Was sich Kunden wirklich wünschen, können diese oft nicht einmal selbst beantworten. Denn 90 % unserer Kaufentscheidungen treffen wir emotional, wie etwa das Neuromarketing-Unternehmen Zutt & Partner meint. Das Unterbewusstsein fällt beim Shopping also weitaus stärker ins Gewicht als rationales Denken. Das macht sich auch im Marketing bemerkbar. So führen Kampagnen und Werbeanzeigen, die sich alleine auf Zahlen, Daten und Fakten stützen, häufig nicht zum Erfolg. Stattdessen machen emotionale Markenerlebnisse mithilfe von Storytelling den wahren Unterschied.

Kunden wünschen sich nahbare Unternehmen, die Farbe bekennen und ihre Glaubwürdigkeit unter Beweis stellen. Auch Themen wie Nachhaltigkeit oder die Corona-Krise sensibilisieren Verbraucher zunehmend für zeitlose Werte. Markenbotschaften, ob sprachlich oder (audio-)visuell, dürfen dafür nicht an der Oberfläche kratzen. Ebenso gilt es, die Blicke auf sich zu lenken, was besonders im konkurrenzstarken Supermarktregal zu Buche schlägt. Doch welche Details im Markenauftritt prägen die Wahrnehmung der Zielgruppe? Klassische Marktforschung stößt hier schnell an ihre Grenzen.

Neuromarketing zur Marktforschung

Antworten kann Neuromarketing liefern, eine Disziplin, die nicht neu ist, angesichts von gesättigten Märkten aber deutlich an Relevanz gewinnt. Ziel dabei ist es, über neurowissenschaftliche Messmethoden Einblick in die Köpfe der Zielgruppe zu gewinnen, um im Idealfall deren unterbewusste Wünsche erforschen zu können. Ferner lässt sich ermitteln, welche Regionen im Gehirn stimuliert werden und inwieweit die dabei evozierten Emotionen zur Wunscherfüllung beitragen. Vor allem große Marken beschäftigen sich seit langer Zeit mit Neuromarketing.

Bereits vor fast 20 Jahren stellten Hirnforscher etwa fest, dass Coca-Cola sowohl das im Gehirn verantwortliche Areal für Erinnerungen als auch das für Emotionen stimulierte. Damit konnte ein entscheidender Wettbewerbsvorteil der Getränkemarke gegenüber ihrem Wettbewerber Pepsi belegt werden. Seither bemühen sich Marken, die Wahrnehmung und Speicherung informeller Reize gezielt zu beeinflussen, was mit Multisensorik möglich ist. Das Prinzip dahinter: Alles, was Konsumenten sehen, hören, schmecken, fühlen oder riechen, löst bestimmte Assoziationen in uns aus, die unser Unterbewusstsein verarbeitet.

Hirnforschung am Point of Sale

Am stationären Point of Sale (PoS, dt. Verkaufspunkt) untersuchen Forscher mittels Elektroenzephalografie, kurz EEG, die emotionale Komponente einer Kaufentscheidung. Im Fokus steht häufig die Suche nach der Motivationslage. Hierzu werden Elektroden auf der Kopfhaut der Probanden angebracht. „In Kombination mit mobilem Eyetracking wird es so möglich, die Perspektive des Kunden einzunehmen und zu verstehen, welchen Einfluss die Ladengestaltung und das Instore Marketing auf die Customer Experience entwickeln. Positive wie negative Elemente können identifiziert und bei Bedarf optimiert werden", erklären die Springer-Autoren Benny Briesemeister und Johanna Trebbe in einem Kapitel des Buchs „Neuromarketing in der Praxis" (Seite 85).

Der Discounter Aldi gelte auf diesem Gebiet als großer Pionier, wie die Autoren darlegen. Mithilfe neurowissenschaftlicher Analysemethoden passt die Discounterkette ihr Ladenkonzept stetig an die Bedürfnisse ihrer Zielgruppe an. Das einst rein von Paletten und dergleichen verkaufte Produktsortiment wird mittlerweile nach einem ausgeklügelten System zur Schau gestellt: Teure Ware findet sich in der Glasvitrine, Wein in einem richtigen Weinregal. Backwaren kommen frisch aus dem Backautomat und verströmen ihren Duft im Laden. Bei vielen anderen Händlern spielt auch die Beleuchtung eine große Rolle. Rotes Licht lässt Fleisch beispielsweise ansprechender aussehen.

Online alle Sinne ansprechen

Neurowissenschaftliche Technologien zur Messung und Analyse sind zahlreich vorhanden und werden immer leichter zugänglich. Briesemeister und weitere seiner Co-Autoren gehen davon aus, dass die Skalierbarkeit und kommerzielle Verfügbarkeit der Technologien die Kosten für neurowissenschaftliche Messmethoden in Zukunft weiter senken und ihre Einsatzmöglichkeiten auf viele weitere Felder ausdehnen wird. Das gilt auch für den digitalen Raum, der in Sachen Zielgruppenanalyse dem stationären Handel einiges voraus hat, beim Thema Multisensorik auf den ersten Blick allerdings den Kürzeren zieht.

Doch das muss nicht sein, wie Springer-Autor Thomas Heinrich Musiolik im Kapitel „Multisensorische Erlebnisse in digitalen Medien" schreibt: „Multisensorische Markenführung in digitalen Medien ist keine Zukunftsmusik – sie findet bereits statt. Der User kann über mentale Modelle beziehungsweise Schemata Erinnerungen abrufen, indem er andere Menschen oder Objekte sieht. Sehen ist auch riechen, schmecken, tasten, hören" (Seite 14). Moderne Technologien sind folglich imstande, Produkte von zu Hause aus erlebbar zu machen. Nichtsdestotrotz braucht es Markenstrategen, die dieses Potenzial mit den richtigen Strategien zum Leben erwecken.

Zur Nachverfolgung der enthaltenen Literaturhinweise siehe https://www.spr ingerprofessional.de/markenfuehrung/handel/neuromarketing-knackt-unterbewu sste-kauftreiber/18261276.

QR-Codes fördern den Umsatz

Eva-Susanne Krah

QR-Codes sind nicht nur Informationsträger, sondern auch ein wirkungsvolles Marketinginstrument. Warum QR-Kampagnen auf Produktverpackungen noch mehr können.

Als Quick-Response-Instrument sind QR-Codes Lifestyle-Plattform in der Digitalisierung, Informationsträger für Marken und dienen der Kaufanimation bei Konsumenten. Denn sie führen Kunden nach dem QR-Code-Scan nicht nur zu hinterlegten Informationen, multimedialen Produktinfos von Markenunternehmen, Marketing-Aktionen oder Markenvorteilen. QR-Codes können auch direkt Umsatz generieren, beispielsweise, wenn sie innerhalb von QR-Code-Kampagnen mit monetären Anreizen für Verbraucher als verlängerter Arm der Kundenkarte kombiniert werden. Sie sind somit eine Informationstechnologie, die sich vielfältig im digitalen Marketing einsetzen lässt.

Die Marktforschungsplattform Appinio hat in einer Online-Befragung von mehr als 1000 Personen in Deutschland zwischen 16 und 65 Jahren herausgefunden, dass Einkaufsgutscheine als Anreiz von QR-Codes bei 49 % der befragten Verbraucher ganz vorne in der Gunst liegen. Auf Platz zwei landeten Cashback-Programme (44 %), Produktinformationen wie Inhaltsstoffe und Nährwerte interessierten 41 % der Verbraucher. Die Befragten hatten 14 verschiedene Arten von Informationen bewertet, die auf QR-Codes verweisen, darunter:

- Herstellung des Produkts
- Direkter Kontakt zum Kundenservice
- Produktbewertung
- Sofortgewinne oder Gewinnspiele oder
- Anwendungsbeispiele des Produkts.

J. Leitherer und E.-S. Krah, *Best of springerprofessional.de: Marketing + Vertrieb*, essentials, https://doi.org/10.1007/978-3-658-39448-6_12

Über 25-jährige Verbraucher waren eher an Informationen zu Herstellung oder Lieferketten des Produkts interessiert, während 35- bis 45-Jährige die drei monetären Anreize Gutschein, Cashback oder Gewinnspiel am meisten ansprach.

Scans per App und Smartphone

Immerhin scannen 15 % aller Verbraucher mehrmals im Monat einen QR-Code mit ihrem Smartphone, um hinterlegte Informationen abzurufen. Dabei ist die Produktverpackung der meist gescannte Anlaufpunkt. Diesen Zugangsweg nutzt jeder zweite befragte Verbraucher, nach Kassenbons, Werbeplakaten und Flyern oder Produkt- und Preisschildern in Läden sowie in gedruckten Magazinen. Das Scannen geschieht meistens über eine Smartphone-Kamera, aber auch per App. Interessant: Hierbei werden in der Regel multiple Applikationen genutzt, mit denen auch bezahlt oder Bonuspunkte gesammelt werden können. Kundenkartenanbieter wie Payback oder der Bezahldienst Paypal liegen hier bei der Nutzung mit jeweils knapp über 60 % vorn.

QR-Codes sind Umsatztrigger

Die Zahlen aus der Studie zeigen, dass sich Marketern mit QR-Code-Kampagnen viele Möglichkeiten bieten, um Konsumenten einerseits zu binden und sie andererseits durch monetäre Anreize wie Cashback zu Mehrumsätzen anzuregen. Vor allem für den Einsatz im Handel gilt dies. Im Springer-Buchkapitel „Shopping-Apps: Servicefunktionen im Branchenvergleich" des Buchs „Perspektiven des Dienstleistungsmanagements" machen die Autoren Stephan Zielke und Kathrin Sienemus die Rechnung auf, dass mithilfe von QR-Code- Scannern „Kunden im Geschäft mobil Informationen zu Produkten, Werbeaktionen etc. erhalten (Bayrak 2013). Ein Vergleich von QR-Code Nutzern und Nicht-Nutzern (Ryu 2013) zeigt, dass QR-Code Nutzer vor allem innovativ und kommunikativer als Nicht-Nutzer sind. Letzteres bedeutet, dass sie ihre Nutzungserfahrungen mit anderen Personen teilen. QR-Code Nutzer sind weiterhin vor allem auf der Suche nach Entertainment, neuen Ideen und Schnäppchen", so die Autoren (Seite 658). Zudem bieten QR-Codes Unternehmen die Chance, als Baustein von Kundenbindungsprogrammen verschiedene Kommunikations- und Kaufkanäle miteinander zu verbinden. Zielke/Sienemus stellen außerdem fest, dass die Incentivierung auch im Handel noch eher zu kurz kommt. Händler sollten ihrer Ansicht nach stärker direkte Anreize in QR-Code-Angebote integrieren, um wachsende Kundenerwartungen besser zu erfüllen und gleichzeitig den Umsatz anzukurbeln. In China etwa sind QR-Codes im Rahmen der KI-Revolution Teil des „new retail" und einer umfassenden Plattform-Ökonomie, wie sie Claudia Bünte im Springer-Kapitel „Die digitale Revolution macht Firmen schlau: Smart Retail – eine erste Wirtschaftsanwendung" umreißt. Hier spielt die Digitalisierung eine wichtige Rolle und ist in die gesamte Wertschöpfungskette einbezogen.

Kampagneneinsatz strategisch gut durchdenken

Doch QR-Codes sind hierzulande noch nicht allen Kunden bekannt: So nehmen viele diese entweder gar nicht wahr, kennen ihre Funktion nicht oder sehen keine Vorteile darin, die Codes zu scannen, wie die Appinio-Studie ergibt. Jürgen Kurfess, Gründer und CEO von Appinio, rät im Hinblick auf Produkte: „Der Einsatz von QR-Codes auf Verpackungen sollte wohlüberlegt sein. Für die Planung von erfolgreichen QR-Code-Kampagnen müssen Marketer nicht nur strategische Fragestellungen in Betracht ziehen, sondern auch die Wahrnehmung von QR-Codes in ihrer Zielgruppe testen".

Welche Fragen bei QR-Code-Kampagnen geprüft werden sollten, zeigt die nachstehende Checkliste:

- Wie affin ist Ihre Zielgruppe für QR-Codes im Allgemeinen?
- Welche Informationen hinter einem QR-Code findet Ihre Zielgruppe bezogen auf das Produkt relevant?
- Welches Ziel soll die Weiterleitung des QR-Codes haben?
- Mit welcher Art von Information lässt sich das Ziel (z. B. Interaktion, Markenbindung fördern) am besten erreichen?
- Auf welchem Werbemittel soll der QR-Code platziert werden?
- Wo sollte der QR-Code auf der Verpackung (Plakat, Flyer etc.) platziert werden?
- Nimmt Ihre Zielgruppe den QR-Code auf der Verpackung wahr? Ist er prominent genug?
- Versteht Ihre Zielgruppe, welche Art von Information sich hinter dem QR-Code verbirgt (Stichwort Vorteilskommunikation)?

Quelle: Appinio.

Zur Nachverfolgung der enthaltenen Literaturhinweise siehe https://www.spr ingerprofessional.de/marketingstrategie/vertriebskanaele/qr-codes-foerdern-den-umsatz/18201966.

KI beflügelt das Supply-Chain-Management

Johanna Leitherer

Wer heute weiß, was die Kunden morgen kaufen werden, kann seine Wettbewerbschancen erhöhen. Handelsunternehmen wissen, dass Künstliche Intelligenz ihnen dabei behilflich sein kann. Noch schreiten aber die wenigsten zur Tat. Eine Bestandsaufnahme.

Ob im Geschäftskunden- oder im Endverbrauchersegment: Kunden möchten nicht gerne auf die Verfügbarkeit eines Produkts warten. Leere Ladenregale im stationären Einzelhandel oder online nicht ad hoc verfügbare Produkte stellen damit einen entscheidenden Wettbewerbsnachteil für Handelsunternehmen dar. Zum Beispiel ist bei Lieferketten, dem Supply-Chain-Management (SCM), eine vorausschauende Planung aus diesem Grund unverzichtbar geworden.

Retailer sollten etwa verlässlich abschätzen können, wie hoch die Nachfrage für ein spezifisches Produkt in einem bestimmten Zeitraum ausfallen könnte. Dazu zählt auch das Antizipieren von Werbeeffekten, die den Abverkauf mitunter sprunghaft ankurbeln. Derartige Absatzprognosen sind mittlerweile dank Künstlicher Intelligenz (KI) auf einem besonders hohen Niveau möglich. Manche Handelsunternehmen in Deutschland machen deshalb bereits von der modernen Technologie Gebrauch. „Da ist aber noch reichlich Luft nach oben", konstatiert Thomas Kempcke, Logistik-Experte und Autor der Studie „KI in der Supply Chain". Diese wurde vom Kölner EHI Retail Institute im Auftrag des Software-Anbieters Relex Solution durchgeführt.

© Springer Fachmedien Wiesbaden GmbH, ein Teil von Springer Nature 2022
J. Leitherer und E.-S. Krah, *Best of springerprofessional.de: Marketing + Vertrieb*,
essentials, https://doi.org/10.1007/978-3-658-39448-6_13

KI-Potenzial bislang ungenutzt

Zwar gehört KI für 76 % der Befragten kurz- und mittelfristig zu den zentralen Erfolgsfaktoren im SCM. Dieses Wissen wird allerdings erst stellenweise praktisch umgesetzt und zwar für

- die Erstellung von Absatzprognosen (16,7 %),
- Kampagnenprognosen (9,1 %),
- das Bestandsmanagement (acht Prozent) und
- die Warenfluss-Glättung (acht Prozent).

Keine Anwendung finden beispielsweise produktindividuelle Preissenkungen, die sich automatisch aus den Verkaufszahlen ableiten lassen. Waren, die sich schlecht verkaufen, können so rechtzeitig und unabhängig von geplanten Rabattierungen preislich attraktiver gemacht werden. Bislang ebenfalls ungenutzt ist die Möglichkeit, mittels KI auch Wetterprognosen bei der Filialbelieferung zu berücksichtigen.

Positive Effekte von KI im SCM

Grundsätzlich rechnen die befragten Händler jedoch mit gewinnbringenden wirtschaftlichen Effekten im Falle einer KI-Einführung. So gehen 80 % davon aus, dass sich die automatisierten Prozesse positiv auf die Warenverfügbarkeit auswirken würden. 76 % erwarten zudem Verbesserungen bei der Bestandsoptimierung. Wie effizient KI im Supply-Chain-Management eingesetzt werden kann, beweist zum Beispiel der Versender Otto. Das deutsche Versandhaus entwickelte einen Deep-Learning-Algorithmus, um die Retourenquote durch zu langsame Beschaffungsprozesse zu verringern. Datenanalysen hatten gezeigt, dass Kunden bestellte Ware häufiger zurückschickten, wenn der Versandprozess länger als zwei Tage dauerte. Auch Teillieferungen kamen bei der Zielgruppe nicht gut an.

„Das Versandhaus suchte also einen Weg, um die Warenabrufe bei den eigenen Lieferanten besser vorhersagen zu können. Der entwickelte Algorithmus kann aus der Analyse von drei Milliarden historischer Transaktionsdaten mit 20 Parametern Vorhersagen treffen, welche Produkte die Kunden im kommenden Monat mit 90-%iger Wahrscheinlichkeit bestellen werden. Dadurch konnte der Einkauf weiter automatisiert werden und gleichzeitig sowohl der Überbestand um 20 % verringert als auch zwei Millionen retournierte Produkte pro Jahr eingespart werden", fassen die Springer-Autoren Christian Flechsig, Lorenz Trautmann und

Jacob Lohmer im Buchkapitel „Langsam, aber sicher: Mithilfe von digitalen Technologien auf dem Weg zur Beschaffung 4.0" zusammen (Seite 342).

Risikomanagement dank KI

Nicht immer jedoch lässt sich die Zukunft antizipieren. „Auch das im Zuge des unsicheren Marktumfelds, der Globalisierung und der Covid-19-Pandemie immer wichtiger werdende proaktive Supply-Chain-Risikomanagement kann durch KI unterstützt werden. KI-Algorithmen können hier unter anderem zur schnellen Aufdeckung von Disruptionen (zum Beispiel durch die kontinuierliche Über-wachung von Social-Media-Kanälen), Compliance-Problemen bei Lieferanten sowie möglichen Betrugsfällen beitragen", erklären die Springer-Autoren wei-ter (342). KI ist folglich auf breiter Ebene imstande, die Wettbewerbsfähigkeit eines Handelsunternehmens abzusichern.

Doch der Einsatz Künstlicher Intelligenz erfordert auch ein hohes Maß an Vorbereitung im Unternehmen. Wie die Springer-Autoren betonen, stellt die Verfügbarkeit und Qualität ausreichend großer Datensätze, die zur KI-basierten Analyse und Auswertung benötigt werden, eine große Hürde dar. Auch im Hin-blick auf die eigene Belegschaft gibt es Hürden, wenn es um die Implementierung der modernen Technologie geht. Laut der Studie sind

- 86 % der Meinung, nicht über genügend Personal zu verfügen, das entspre-chend qualifiziert ist.
- 68 % befürchten außerdem, dass KI auf nicht genügend Akzeptanz im Team stoßen könnte. Ein weiterer Hinderungsgrund sind die Investitionskosten, die
- 76 % der Retailer scheuen.

Zur Nachverfolgung der enthaltenen Literaturhinweise siehe https://www.spr ingerprofessional.de/handel/vertriebsmanagement/ki-befluegelt-das-supply-chain-management/19701276.

KMU verschenken Potenzial auf den Social Media

Johanna Leitherer

Obwohl digitale Kanäle wie die Sozialen Netzwerke eine echte Chance bieten, um pandemiebedingte Umsatzeinbußen abzufedern und neue Geschäftsmodelle zu entwickeln, kommen viele kleine und mittlere Unternehmen nicht in die Gänge. Woran hapert es?

Soziale Netzwerke und andere digitale Kanäle eröffnen Unternehmen nicht zuletzt seit der Pandemie neue Möglichkeiten, um mit Kunden in Kontakt zu treten und Geschäfte abzuwickeln. Wie eine repräsentative Umfrage des Meinungsforschungsinstituts Forsa im Auftrag von Gelbe Seiten offenlegt, lassen jedoch viele kleine und mittelständische Unternehmen (KMU) diese Chance verstreichen. Das Problem beginnt bereits bei der Internetpräsenz: Diese ist bei jedem dritten Betrieb überhaupt nicht vorhanden.

Nur ein Prozent der Befragten hat zudem im Jahr 2020 einen neuen Webshop eingerichtet. Auch das System „Click and Collect", bei dem Kunden zuvor online bestellte Ware im Ladengeschäft abholen können, wurde von den wenigsten KMU angeboten (zehn Prozent). Generell war es für Kunden praktisch unmöglich, vor Ort betreut zu werden, da lediglich drei Prozent der kleineren Unternehmen eine Online-Terminvergabe eingeführt haben. Digitale Kunden-Chats, ob per Video (14 %) oder Text (fünf Prozent), kamen ebenfalls kaum zum Einsatz.

Enttäuschte Kunden

Dabei sollten gerade KMU auf digitale Kommunikations- und Absatzwege setzen. Denn insgesamt klagt fast die Hälfte der befragten Unternehmen, in der Corona-Krise deutlich oder etwas geringere Umsätze eingefahren zu haben. Dass ein Zusammenhang zwischen Umsatzeinbußen und mangelnder Online-Präsenz

J. Leitherer und E.-S. Krah, *Best of springerprofessional.de: Marketing + Vertrieb*, essentials, https://doi.org/10.1007/978-3-658-39448-6_14

besteht, legt auch die Sicht der Verbraucher nahe: 41 % sind mit dem Engagement der KMU auf den Sozialen Plattformen unzufrieden. Knapp die Hälfte wünscht sich, dass Unternehmen hier stärker Präsenz zeigen. Bei denjenigen Konsumenten, die selbst auf den Social-Media-Kanälen aktiv sind, liegt der Anteil sogar bei 78 %. Dieser große Zuspruch zeigt, dass Verbraucher den Kontakt zu kleineren Betrieben auch oder gerade in Krisenzeiten aktiv suchen, oftmals allerdings vergebens.

Tatsächlich sind sich mehr als die Hälfte der befragten Unternehmen bewusst, dass ein Auftritt in den Sozialen Medien über den Geschäftserfolg entscheiden kann. Nichtsdestotrotz setzt nur jeder dritte Betrieb dieses Wissen in die Tat um. Die Gründe hierfür sind vielfältig:

- 71 % geben an, dass andere Werbeformen für ihre Geschäftszwecke ausreichten,
- 41 % nennen fehlende Kapazitäten,
- 24 % mangelndes Wissen und
- 14 % hohe Kosten als unüberwindbares Hindernis.

Stetige Optimierung trotz Hürden

Weitere Hürden schildert Melanie Mesloh im Artikel „Digitale Integration – Chancen für kleine und mittelständische Unternehmen in Deutschland", erschienen in der Zeitschrift „Wirtschaftsdienst", Ausgabe 6/2021: „Aufgrund der kontinuierlich hohen Nachfrage nach IT-Fachkräften stellt der Mangel an Humankapital ein langfristiges Hindernis in der digitalen Integration dar. Darüber hinaus verdeutlichen Studien, dass rechtliche und bürokratische Hürden wie beispielsweise Fragen der Datensicherheit die digitale Integration der KMU verlangsamen", so die Springer-Autorin (Seite 464).

Dennoch treten KMU nicht auf der Stelle. „Zielgerichtet wird die Erhöhung der Budgets für den Social-Media-Bereich bereits heute angegangen. Dabei ist zu erwarten, dass in den kommenden Jahren dieses Bewusstsein weiter wächst und jetzt noch als Problemfelder zu bezeichnende Elemente in den Fokus der Optimierung rücken", beobachtet ein Springer-Autorenteam im Kapitel „Einsatz von Social-Media-Instrumenten in ausgewählten deutschen KMU im Business-to-Consumer-Markt" mit Blick auf eine Studie. Ob Marketing und Vertrieb über Online-Kanäle gelingen, hängt also auch von einem tiefgreifenden Wandel der Organisationskultur ab.

Digitale Formate lohnen sich

Dieses Umdenken hat in einigen kleinen und mittelständischen Unternehmen bereits stattgefunden und dazu geführt, dass digitale Formate gewinnbringend genutzt werden konnten. Der Studie zufolge gilt das selbst für Branchen wie die Gastronomie oder das Friseurgewerbe. Diese Bereiche haben nach eigenen Angaben besonders starke Verluste aufgrund der Corona-Maßnahmen zu verbuchen. Die digitalen Vorreiter unter den KMU haben die Sozialen Netzwerke als Chance entdeckt, um

- Marketing und Kundenakquise (90 %)
- Mitarbeitergewinnung (35 %),
- Kundenbetreuung und Reklamation (33 %) und
- die interne Kommunikation (20 %) voranzubringen.

Bevor sich Erfolge einstellen, muss die nötige Vorarbeit geleistet werden, die sich laut Springer-Autorin Mesloh über drei wesentliche Ebenen erstreckt. „Während die technologische Integration sich auf die Nutzung neuer Technologien wie Social Media oder analytischen Methoden wie Big Data bezieht, zeichnet sich die organisatorische Integration in der Nutzung dieser Technologien zur Erschließung neuer Geschäftsaktivitäten ab. Als dritte Ebene kann die soziale Ebene genannt werden, die sich auf die Digitalisierung des Alltags bezieht", schreibt Mesloh auf Seite 462. Nur eine ganzheitliche Betrachtung und Strategie bringt demnach den Digitalisierungsschub, den KMU jetzt und in Zukunft so dringend benötigen.

Zur Nachverfolgung der enthaltenen Literaturhinweise siehe https://www.springerprofessional.de/social-media/corona-krise/kmu-verschenken-potenzial-auf-den-social-media/19314506.

Wie Sportsponsoring die Markenwahrnehmung stärken kann

Johanna Leitherer

Banken und Versicherer können über Sportsponsoring die Beziehung zu ihren Zielgruppen nachhaltig ausbauen und darüber auch ihren digitalen Wandel demonstrieren. Auf diese Erfolgsfaktoren kommt es an.

Die Förderung von Sportorganisationen ist für Unternehmen ungebrochen attraktiv. „Das besondere Potenzial von Sportsponsoring zur nachhaltigen Steigerung des konsumentenorientierten Wertes einer Marke, einem der zentralen intangiblen Assets eines Unternehmens, ist in der Leidenschaft und Begeisterung begründet, die alle Sportarten umgibt", erklärt ein Springer-Autorenteam im Buchkapitel „Die Wirksamkeit von Sportsponsoring in der Marketingkommunikation – Der Einfluss von Teamrivalität auf den impliziten und expliziten Markenwert" (Seite 229). Banken und Versicherer haben ein großes Interesse, ihre Marke dahingehend zu stärken.

Denn der steigende Innovationsdruck erhöht den Wettbewerb um Kunden in einem mehr denn je umkämpften Markt. Eine Studie von Intelligent Research in Sponsoring (IRIS) in Zusammenarbeit mit der internationalen Data and Analytics Group Yougov zur Wirksamkeit des Sportsponsoring von Banken und Versicherern in der DACH-Region zeigt, dass Unternehmen des Sektors am häufigsten und aktivsten Sportsponsoring betreiben: Fast ein Drittel der jährlich durchgeführten Förderprojekte und mehr als die Hälfte des Gesamtbudgets entfallen auf den Sport. Weitere Aktivitäten konzentrieren sich auf den Kultur- oder Bildungsbereich. Als Untersuchungsgrundlage für die Studie dienten auch Best Practices, unter anderem der Versicherungen Allianz und Signal Iduna sowie von Commerzbank und Deutscher Bank.

J. Leitherer und E.-S. Krah, *Best of springerprofessional.de: Marketing + Vertrieb*, essentials, https://doi.org/10.1007/978-3-658-39448-6_15

Starke Markeneffekte des Sponsoring

„Da die Finanzinstitute durch die Covid-19-Krise nur bedingt kurzfristig und unmittelbar betroffen sind und Sponsoringverträge häufig mehrjährig vereinbart werden, gab es diesbezüglich in den letzten zwölf Monaten keine große, durch die Covid-19-Krise maßgeblich verursachte, Veränderung", heißt es in der Studie. Zwar wurde seit der Pandemie der Großteil der Sportevents im Profi-Bereich wie etwa im Fußball als Geisterspiele ohne Publikum ausgetragen, wodurch eine wichtige Wahrnehmungsebene für die Sponsoren weggefallen ist. Doch über die mediale Übertragung ist diese Bühne anderweitig nach wie vor geboten worden.

So konstatiert die Yougov-Studie, dass mit Sportsponsoring in außerordentlichem Maß die große und spezifische Zielgruppen erreicht werden können. Das trägt dazu bei, unterschiedliche Marketing- und Umsatzziele zu erreichen, wie

- die Verbesserung der Markenpräsenz über relevante Reichweiten
- die Steuerung der Markenbewertung über Bekanntheitssteigerung, Imageaufladung und Imagetransfers und
- die Beeinflussung der Markenbeziehung.

Herausforderung ROI-Bestimmung

Mit Blick auf die durchgeführten Sponsoring-Projekte wird deutlich, dass lange Laufzeiten der Investoren einen positiven Effekt mit sich bringen. Ein ausreichendes quantitatives Niveau der Aktivitäten spielt im Sportsponsoring eine wichtige Rolle, denn über die kontinuierliche Markenpräsenz gelingt es, die Wahrnehmungsschwelle bei der Zielgruppe zu übertreten. Exklusivität, zumindest auf die Branche betrachtet, kann ebenfalls die Markenwahrnehmung steigern. Über allem steht jedoch die Qualität und Passgenauigkeit der Sponsoring-Auswahl, die in der Reputation und in gelebten Werten zum Tragen kommt. Stimmt der Markenfit nicht, kann das dem Sponsoren unter Umständen sogar schaden.

Um die Sponsoringaktivitäten bestmöglich in ihrer Ausführung und Wirkung zu kontrollieren, stehen heute eine Reihe an Tools und Instrumenten zur Verfügung. Die Bestimmung des Return on Investment (ROI) rückt dabei in den Fokus. Genau hier sieht das Springer-Autorenteam vor dem Hintergrund einer eigens durchgeführten Studie eine große Herausforderung für Unternehmen, da sich bisherige Ansätze rund um den ROI als weitgehend unzureichend herausgestellt haben. „Nur unter Berücksichtigung einer ganzheitlichen Wirksamkeitsbetrachtung lässt sich der Sponsoring-ROI zuverlässig und präzise ermitteln", lautet daher das Fazit (Seite 246). Dafür gilt es, sowohl die explizite als auch die implizite Informationsverarbeitung der Zielgruppe zu untersuchen, um relevante verankerte Markenassoziationen zu entschlüsseln. Dies liefert Erkenntnisse darüber, inwieweit das Sportsponsoring als authentisch und glaubwürdig von den Konsumenten wahrgenommen wird.

Digitalisierung als Motiv

Mit der Markenwahrnehmung durch die Zielgruppe steht und fällt folglich der Sportsponsoring-Erfolg. Gerade im Sport, der stark auf einem Fankult basiert, kann es hier schnell zu unterschiedlichen Schwingungen unter den Konsumenten kommen. Diese zu erkennen und zu berücksichtigen, ist erfolgsentscheidend.

Für viele Kreditinstitute und Versicherer ist auch die Digitalisierung im Sport ein starkes Motiv, um die eigene Markenwahrnehmung zu modernisieren. Aktivierungsmaßnahmen erfolgen in der Sportbranche derzeit überwiegend digital, zum Beispiel über Soziale Netzwerke. Zudem steigen die Investitionen in E-Sports.

Dieser Trend „beruht darauf, dass die Marketingentscheider etwas in E-Sports erkannt haben, was der Fußball, aber auch eine Vielzahl anderer Sportarten, nicht bieten kann. Dabei handelt es sich um den Faktor eines besonders hohen Zielgruppenfokus und den Faktor ‚digital by nature'", schreiben die Springer-Autoren Toan Nguyen und Lukas Galinski im Buchkapitel „Digital-Marketing, Sportsponsoring und E-Sports – Warum E-Sports ein Blue Ocean ist" (Seite 273).

Bei der digitalen Aktivierung der Sportengagements besteht laut der Yougov-Studie noch großer Nachholbedarf bei Geldinstituten und Versicherungen. Damit bleiben wichtige Chancen ungenutzt: Gerade die digitale Kommunikation könnte die wahrgenommene Glaubwürdigkeit und Authentizität insbesondere bei der jüngeren Zielgruppen erhöhen.

Zur Nachverfolgung der enthaltenen Literaturhinweise siehe https://www.spr ingerprofessional.de/sponsoring/finanzbranche/wie-sportsponsoring-die-marken wahrnehmung-staerken-kann/19179128.

Was Sie aus diesem *essential* mitnehmen können

- Wirkungsvolle Hilfestellung für die Strukturierung von Verkaufsgesprächen
- Tipps für eine erfolgreichere Kundenbindung
- Strategien für die angemessene Betreuung von Key-Account-Kunden

J. Leitherer und E.-S. Krah, *Best of springerprofessional.de: Marketing + Vertrieb*, essentials, https://doi.org/10.1007/978-3-658-39448-6

Printed in the United States
by Baker & Taylor Publisher Services